AF321459

Société Nationale

DU

Chien Sanitaire

Siège social : 21, rue de Choiseul, 21

—

PARIS

SOCIÉTÉ NATIONALE

DU

CHIEN SANITAIRE

Dans les guerres passées le nombre des *disparus* a toujours été considérable : à Rézonville 5.472 pour 1.367 tués et 10.402 blessés ; à Saint-Privat, 4.420 pour 1.146 tués et 6.709 blessés.

Parmi ces *disparus*, combien sont de malheureux blessés qui se sont traînés, dans un dernier effort, vers des endroits abrités et y ont trouvé, au lieu du secours attendu, la mort faute de soins ?

Ces groupements dissimulés, ces *nids de blessés* seront de plus en plus fréquents dans les guerres futures, la relève immédiate des blessés pendant l'action devenant de moins en moins possible avec les conditions actuelles du combat.

Mais l'abri, qui aura protégé ces malheureux contre les coups de l'ennemi, les cachera non moins aux brancardiers, d'autant que la plupart du temps c'est seulement la nuit, et sans lumières apparentes, que pourra se faire la recherche des blessés.

Dans ces conditions, les blessés trop faibles pour appeler ou pour sortir de leurs cachettes ont grande chance d'y être abandonnés, à moins que les brancardiers ne soient accompagnés de *chiens habitués à dépister les blessés*.

Par conséquent, il y a, pour le service de santé des armées modernes, obligation de posséder des *chiens sanitaires*, c'est-à-dire des *chiens dressés à rechercher les blessés, les égarés sur le champ de bataille*.

Cette conception ne date pas d'aujourd'hui. Elle a pris corps en Allemagne, en 1890, avec les deux *sanitaetshund* du bataillon de chasseurs de la garde. Elle a été étudiée en Hollande, en Suède, en Italie, en Angleterre.

La sanction de la pratique est aujourd'hui acquise. D'après le lieutenant Johannès, des chiens dits *collies* ont, pendant la guerre anglo-boër, sauvé la vie à des centaines de blessés que les brancardiers ne pouvaient retrouver. Dans la guerre russo-japonaise, trois chiens, expédiés par l'Association allemande du Chien sanitaire, ont, à la bataille du Cha-Ho, retrouvé vingt-trois blessés qui étaient totalement abandonnés.

Il est donc démontré qu'avec des « chiens sanitaires » bien dressés les blessés n'échapperont plus aux recherches des brancardiers.

C'est une chance de salut qu'on *doit* donner aux braves qui sont tombés pour la défense de la patrie.

Par suite, faire connaître au public l'utilité, la nécessité des « chiens sanitaires » ; développer le goût de l'élevage de ces animaux ; faciliter leur dressage en prêchant d'exemple, est donc une œuvre éminemment patriotique et humanitaire.

C'est cette œuvre que réalise *la Société nationale du Chien sanitaire*.

Elle est ouverte à tous ceux qu'intéresse le sort des blessés.

Elle est accessible à tous en raison de la modicité de la cotisation minima demandée : cinq francs.

Bien qu'elle date de peu, elle a déjà fait de bonne besogne. On lui doit les essais, réalisés en 1907, aux manœuvres du service de santé à Bordeaux par le capitaine Tolet et le médecin-major Bichelonne, et qui ont été suivis par tant de personnes s'intéressant au sort du soldat blessé.

« La Société nationale du Chien sanitaire » a aussi donné son patronage aux épreuves qui ont eu lieu, en janvier 1908, au Tir aux Pigeons, et ont vulgarisé à Paris le « chien sanitaire ».

Elle a encore donné son patronage aux expériences qui viennent d'avoir lieu à Nancy, et qui ont fait faire à la question un pas si considérable en avant.

Aux manœuvres de Bordeaux on s'était proposé de montrer que des chiens pouvaient être dressés à la recherche des soldats blessés, de jour et de nuit, en terrain couvert ou accidenté. Ce résultat a été pleinement obtenu par le capitaine *Tolet* avec sa chienne *Nelly,* qui, lorsqu'elle a trouvé le blessé, lui fait fête, prend son képi, le rapporte, et, dès que la laisse lui

Fig. 1. — *Nelly* a apporté le képi du blessé à son maître et attend qu'il le lui prenne.

Fig. 2. — Le képi est enlevé à *Nelly,* qui attend qu'on lui mette la laisse.

est mise, conduit les brancardiers auprès de leur camarade (fig. 1 et 2).

Dans les expériences de Nancy on a recherché si, dans l'exécution du service de santé en campagne, on pourrait tirer parti des chiens ayant subi ce dressage spécial. Des équipes de brancardiers parties à la recherche de blessés se sont heurtées successivement à des difficultés inhérentes au terrain : d'abord un bois touffu où la vue ne portait pas au-delà de 10 mètres, puis des carrières profondes, crevassées, taillées à pic, avec buissons, éboulis de pierres roulantes, bouquets de sapins, etc.

Fig. 3. — En allant de gauche à droite, M. Lepel-Cointet avec *Mars*, M. Granjux avec *Gritteline*, M. Rudler avec *Stopp*, M. Krauss avec *Nelly*. Dans le coin à droite, M. le médecin-inspecteur Benech. (Photo Bellieni, Nancy.)

La figure 3 montre au premier plan la route d'où sont partis les brancardiers ; dans le lointain le bois qu'ils devaient explorer. La lisière de ce bois forme le fond des photographies 4 et 5 (Voir à la page 8).

Fig. 4. — L'équipe ramène le blessé indiqué par *Gritteline*
(capitaine Tolet). (Photographie Bellieni, Nancy.)

Fig. 5. — L'équipe ramène le blessé indiqué par *Bellone*
(médecin principal Bopp). (Photogr. Bellieni, Nancy.)

La figure suivante (n° 6) représente la carrière où les pseudo-blessés étaient cachés et où les chiens ont dû les chercher et les ont trouvés.

Fig. 6. —La carrière. (Photographie Bellieni, Nancy.)

Des rapports du juge, M. le médecin-major Castaing, et de celui des commissaires, il est ressorti :

1° Que les principes de l'utilisation des chiens pour la recherche des blessés découlent de ces expériences ;

2° Que sous bois ou sur des terrains très accidentés et surtout la nuit, le chien est capable de découvrir, en un temps très court, des blessés qui, ayant perdu connaissance à la suite du schok ou de l'hémorragie, ne peuvent appeler au secours ;

3° Qu'il est du plus haut intérêt de continuer ces expériences, en se mettant dans les conditions se rapprochant le plus possible de celles du temps de guerre.

Du reste, le but poursuivi par « la Société nationale du Chien sanitaire » est si élevé, si utile pour l'armée que M. LE MINISTRE DE LA GUERRE a autorisé les officiers à faire partie de cette Société, à laquelle il a bien voulu accorder son patronage, ainsi du reste que MM. LES MINISTRES DES COLONIES ET DE L'AGRICULTURE.

Aussi nous demandons à tous ceux qui ne veulent *plus de blessés oubliés après un combat et mourant faute de secours*, de nous donner leur concours et de signer le bulletin ci-joint d'adhésion à la *Société nationale du Chien sanitaire*. En joignant leurs efforts aux nôtres pour arriver à constituer dans le pays les « chiens sanitaires » nécessaires au service de santé le jour de la mobilisation, ils donneront aux blessés toutes chances d'être relevés et secourus.

Le Président de la Société Nationale
du Chien Sanitaire,

LEPEL-COINTET.

Le Secrétaire général :
Dr GRANJUX.

SOCIÉTÉ NATIONALE DU CHIEN SANITAIRE

PRÉSIDENTS D'HONNEUR

M. le Ministre de la Guerre.

M. le Ministre des Colonies.

M. le Ministre de l'Agriculture.

MEMBRES D'HONNEUR

La Société de Secours aux Blessés.

L'Association des Dames Françaises.

L'Union des Femmes de France.

La Société d'Encouragement au Bien.

La Société centrale pour l'amélioration des races de chiens
  en France.

M. le Préfet de Police.

M. le Chef d'Etat-Major (*Ministère de la Guerre*).

M. le Gouverneur Militaire de Paris.

M. le Directeur du Service de Santé (*Ministère de la Guerre*).

M. le Directeur du Service de Santé (*Gouvernement Militaire
  de Paris*).

CONSEIL D'ADMINISTRATION

MM. A. Lepel-Cointet, *président* ;
  Krauss, *vice-président;*
  Dʳ Granjux, *secrétaire général* ;
  Lebourg, *secrétaire général adjoint;*
  Oudinet, *trésorier.*

Membres du Comité : **MM.** le commandant Barillot, Dʳ Berruyer, A. Cahen, Dʳ Colin, Debreuil, Dʳ Laval, R. Paris,
Saugeons, Tancrède.

Membres du Comité technique : MM. Dʳ **Bichelonne**, médecin-
major ; Dʳ **Castaing**, médecin-major ; **Graillot**, vétérinaire;
Puisais, lieutenant ; Dʳ **Rudler**, médecin aide-major ; **Tolet**,
capitaine.

STATUTS

Article premier. — Il est fondé une *Société Nationale pour le développement du dressage du Chien Sanitaire*, c'est-à-dire du chien capable de rechercher des blessés sur les champs de bataille.

Cette Société prend le titre de : *Société Nationale du Chien Sanitaire*.

Art. 2. — Sa durée est de quatre-vingt-dix-neuf ans.

Art. 3. — Son siège est à Paris — provisoirement 21, rue de Choiseul.

Art. 4. — Son but est de :

a) Développer le goût de l'élevage du chien sanitaire par tous les moyens : brochures, conférences, etc... ;

b) Aider au dressage de ces chiens, en facilitant à leurs propriétaires l'accès de terrains d'entraînement ;

c) Organiser annuellement, si possible, des concours de chiens sanitaires, de préférence lors des manœuvres du Service de Santé ;

d) Primer les meilleurs chiens sanitaires et récompenser leurs propriétaires;

e) Avoir un chenil avec quelques « chiens d'instruction » ou « chiens modèles ».

Art. 5. — Toute question politique ou confessionnelle est interdite.

Art. 6. — La Société est placée sous le patronage de MM. les Ministres de la Guerre, des Colonies et de l'Agriculture.

Art. 7. — Chacun de ces ministres peut se faire représenter auprès de la Société par un *délégué*. Les délégués font de droit partie du Conseil d'administration avec voix consultative.

Art. 8. — Le gouverneur militaire de Paris, le chef de la 7ᵉ Direction, le directeur du Service de Santé de Paris, les trois Sociétés de la Croix-Rouge, la Société Centrale Canine, peuvent aussi se faire représenter par un délégué, faisant également de droit partie du Conseil d'administration avec voix consultative.

Art. 9. — La Société se compose de *membres d'honneur, de membres bienfaiteurs,* de *membres fondateurs* et de *membres participants ou actifs*.

Art. 10. — Les membres d'honneur sont nommés par l'Assemblée générale.

Art. 11. — Pour être membre participant, il faut :

a) Etre Français ;

b) Etre présenté par deux membres de la Société ;

c) Adhérer aux présents statuts.

Les membres bienfaiteurs, les membres fondateurs et les membres participants ont voix délibérative.

Art. 12. – Les officiers et assimilés de l'armée de terre et des troupes coloniales sont autorisés par le ministre à faire partie de la Société.

Art. 13. — Les Membres de la Société d'études pour la création de la Société Nationale du Chien Sanitaire sont de droit membres de celle-ci. Ils sont *membres fondateurs*.

Art. 14. — Les personnes qui ont fait à la Société des dons, soit en argent, soit en nature d'une valeur de deux cent cinquante francs auminimum sont dites *membres bienfaiteurs*.

Art. 15. — Les *membres participants* s'engagent au paiement d'une cotisation annuelle qui ne peut être moindre de cinq francs. Elle peut être rachetée par un versement de cent francs.

Art. 16. — La Société est dirigée et administrée par un Conseil d'administration. Il comprend 20 conseillers et un bureau composé de :

Un président ;

Deux vice-présidents ;

Un secrétaire général ;

Un secrétaire général adjoint ;

Un trésorier.

Art. 17. — Toutes ces fonctions sont gratuites.

Art. 18. — Le Conseil d'administration est nommé par l'Assemblée générale pour une période de trois ans.

Tous ses membres sont rééligibles.

L'élection a lieu par bulletin secret, à la majorité des suffrages.

Si deux candidats réunissent le même nombre de voix, le plus âgé est élu.

Art. 19. — Le Conseil d'administration représente la Société dans tous les actes de la vie civile, il autorise les retraits et transferts, détermine le placement des fonds disponibles et décide des acquisitions mobilières et autres.

Il peut déléguer tout ou partie de ses pouvoirs soit au président, soit au secrétaire général, soit au trésorier. Il peut se faire assister par un *Conseil technique* dont les membres sont choisis par lui.

Art. 20. — Le Conseil d'administration se réunit tous les mois, sauf pendant la durée des vacances. Le président le réunit toutes les fois qu'il le juge nécessaire.

Art. 21. — Le président préside le Conseil d'administration, les Assemblées générales et toutes les commissions ou réunions auxquelles il croit devoir assister.

Il représente la Société en justice.

Art. 22. — Le secrétaire général reçoit les demandes d'admission.

Il est chargé de la rédaction des procès-verbaux de toutes les Assemblées et de la correspondance officielle.

Il est secondé et suppléé par le secrétaire général adjoint qui conserve les procès-verbaux et autres documents intéressant la Société.

Art. 23. — Le trésorier fait les recettes ou paiements de la Société.

Art. 24. — Avant l'Assemblée générale, la comptabilité du trésorier est vérifiée par deux commissaires aux comptes nommés par la dernière Assemblée générale.

Art. 25. — La Société se réunit en Assemblée générale dans le premier trimestre de l'année sur convocations individuelles envoyées quinze jours à l'avance.

Son bureau est celui de la Société.

Elle entend le compte rendu moral du secrétaire général, le rapport du trésorier, approuve les comptes et le projet du budget, et procède aux élections.

Aucune délibération ne peut être prise sur une question qui ne figure pas à l'ordre du jour.

Art. 26. — Toute proposition de modification aux Statuts devra être signée par vingt sociétaires au moins et remise, un mois avant l'Assemblée générale, au Conseil d'administration qui en fera rapport à la dite Assemblée générale. Pour être adoptée, elle devra réunir les voix des deux tiers des votants.

Art. 27. — En dehors de l'Assemblée générale annuelle statutaire, une Assemblée générale extraordinaire peut être convoquée par le président, soit sur son initiative, soit sur celle du Conseil. Celui-ci demeure juge de la suite à donner à une demande d'Assemblée générale faite par des sociétaires qui doivent être vingt signataires au minimum pour que leur requête soit examinée.

Art. 28. — La dissolution de la Société ne peut être proposée que par le Conseil et prononcée que par Assemblée générale convoquée *ad hoc*, un mois à l'avance. La délibération n'est valable que si elle est prise à la majorité des trois quarts des membres présents. Les membres du bureau sont chargés de la liquidation et ont, pour cela, les pouvoirs les plus étendus.

Art. 29. — Les ressources de la Société se composent :

a) Des cotisations annuelles des Sociétaires ;
b) Du rachat desdites cotisations ;
c) Des dons des bienfaiteurs ;
d) Des subventions diverses ;

e) Des recettes des concours, expositions, etc...
f) Du revenu du fonds de réserve.
Les charges comprennent :
a) Les frais d'administration ;
b) La propagande ;
c) Les frais de concours ;
d) Les prix ;
e) Le chenil.

Art. 30. — En cas de guerre, les chiens reconnus aptes au service sanitaire, appartenant à la Société ou aux sociétaires, seront livrés gratuitement à l'autorité militaire.

Art. 31. — Au fur et à mesure du développement de la Société, il pourra se créer des filiales dans les localités qui offriront les ressources suffisantes. Elles auront leur autonomie budgétaire. L'article 8 leur est applicable.

Elles devront ouvrir leur Conseil d'administration aux délégués du commandant d'Armes, du chef du Service de Santé et des trois Sociétés de la Croix-Rouge.

Art. 32. — Les membres qui n'ont pas payé leur cotisation, depuis plus de deux ans, cessent de faire partie de la Société. La radiation est prononcée par le Conseil, après réclamation par lettre recommandée restée sans réponse.

Art. 33. — L'exclusion sera prononcée en Assemblée générale sur la proposition du Conseil contre :

1° Les sociétaires qui auraient été frappés d'une condamnation judiciaire déshonorante ;

2° Ceux qui auraient causé aux intérêts de la Société un préjudice volontaire et dûment constaté.

Le membre dont l'exclusion serait proposée, serait invité à se présenter devant l'Assemblée générale pour être entendu sur les faits qui lui seraient reprochés. Il pourrait se faire assister par un défenseur de son choix. La convocation lui serait adressée par lettre recommandée quinze jours au moins à l'avance. En cas de non comparution, il serait passé outre aux débats et la décision prise demeurerait irrévocable.

Art. 34. — Les démissions, radiations, exclusions, ne donnent droit à aucune indemnité.

Art. 35. — Un règlement intérieur fait par le Conseil d'administration et approuvé en Assemblée générale déterminera les différents détails du fonctionnement de la Société.

Art. 36. — La Société d'études cédera, à titre gracieux, à la Société Nationale, les chiens qu'elle possédera au moment de sa dissolution.

Paris. — Imp. R. Tancrède, 15, rue de Verneuil.